NUR
DIESE
WORTE

60 LYRISCHE
APOKALYPSEN

TIMO BUBEK

1.

Mit deinem Blut in
meinem Herzen,
singe ein Lied für dich,
male ein Bild,
schreibe ein Gedicht,
pflanze einen Baum und springe
aus der Baumkrone,
andersgeschlechtliche Liebe,
ein Pakt für das Leben,
diebische Eltern und ständig
betrogen der Zeit,
Wasser ist kostbar,
deine Augen so voller Glanz,
Harpunen in mein Genick,
auf den Bergen liegt das Ziel,
im Tal verhallt dein Name,
Schweigen ist Gold,
Reden zeugt von Dummheit,
die Gier nach Freiheit und die
Lust auf Leben.

2.

Ob der Rabe noch kräht,
man weiß es nicht,
ungewiss in die Zukunft,
das Gute so weit entfernt,
aufgelöste Seele im Blattwerk
der Bäume,
angestrahlt der Sonne,
Luft ist ausreichend aber das
Licht am Ende wird erlischen und die Gedanken
und geheimen Botschaften für
immer kryptisch,
auf in ein neues Leben,
die Engel warten und es
wird musiziert,
der Tod mag grausam klein und
die Liebe allgegenwärtig mächtig sein,
der Wind,
die Sonne,
all die Zeit und diese Zeit,
mein Herz am Fenster,
blasse Momentaufnahmen,
noch immer so nah,
real und ganz dabei,
in Träumen gibt es Fortsetzungen und
das Rad der Zeit,
dreht und nagt, möchte
nichts und kann nichts verändern,
dein Blut geronnen, deine
Haut kalt und steif, noch immer
dieser Geruch,

Kerzen an der Wand,
mein Atem ein Hauch des Leben im
kalten Raum,
die Fassade eine Hülle, Bienen
auf Nektarsuche,
Wolken am Weiterziehen, ich im Spiegelbild
und du überall
gleichzeitig.

3.

Ich trinke auf dich,
die ganze Nacht werde ich
auf dich trinken und den Mond
wie ein Wolf anheulen,
Kronkorken um Kronkorken
werde ich zerschmettern und
Oktaven singen,
am Kirchturm werde ich
um Erlösung bitten bevor
mein Leben endet,
welches ich in deine Hand legte und
nur das Neonlicht wird stiller Zeuge
meiner Hinrichtung sein.

4.

Halte an die Zeit,
ich flehe dich an zur Mitternacht,
stoppe das Versagen und
diese nicht enden wollenden Kämpfe,
begleite mich hinab zu den
Dämonen meiner selbst,
NEIN,
schenke mir Ruhe und Verständnis
im Gefühlschaos unterzugehen,
zu mehreren Teilen entrissen um
später, irgendwann,
als ganzes wieder dem Licht
Herr zu werden.

5.

Im Wandel der Zeit,
die Rasse Mensch,
Ideologie des Wahnsinns,
verkrüppelte Herzen,
starre Meinungen,
lege fest was wichtig ist,
Krieg im Paradies,
verkünde Gold in Venen,
blasse Leichen aufgehängt,
Irrpfade des Glaubens,
dramatische Betrachtungen der Skepsis,
bin richtig,
ihr alle falsch,
Lichtstrahl in heller Einsamkeit,
die dünnen Finger und raue Haut,
morsche Knochen,
schabe alte Haut für Blut,
male und leide
liebend lebend,
Stürme so weit,
Dramaturgien im Spiegel,
der Glanz ist Schatten,
das Orchester pausiert,
der Pöbel schweigt,
mit Harpunen auf Würmer,
das Leben im Vergessen,
müde Tragik,
kein Beifall ist genug,
die Welt stirbt,
die Menschheit ist dran,

großes Unheil,
süße Momente,
noch einmal zu atmen,
dein Herz so rein,
toter Körper,
starres Leben,
Asche zu Asche.

6.

Im Vergessen liegt die
große Trauer begraben,
der Sensenmann mäht Herzen klein,
meine Schritte in Beton gegossen,
Narben sind verheilt und die Wünsche im
Winde verweht,
dein Herz schläft,
meine Sinne getrübt,
Wahrnehmung von nichts,
es duftet.

7.

Die Liebe und nur die Liebe
wird die Welt retten,
die unreife Zeit,
hassvolle Gesichter,
Fratzen der Gefräßigkeit eingefahren
im Hafen des Todes,
oh die Liebe,
alles besiegende Kraft,
Dämonen und Kerkerkinder,
Kellermenschen,
halte hoch die letzte Blume,
ein Klageruf zu jeder vollen Stunde,
still und scheu,
die Prinzessin schüttelt sich,
Wege sind aufgerissen,
gewaltige Löcher,
von den Bäumen hängen tote Leiber
an morschen Ästen,
Vögel pieksen Fleisch aus und die
Liebe muss kämpfen,
Geduldsproben ertragen um
das Leben noch auszuhalten.

8.

Die Götter meinen es gut,
der Himmel ist in Gefahr,
deine Zöpfe brennen und der
letzte See ist leergeschöpft,
Erdlöcher voller Gräueltaten,
Luzifer ist allgegenwärtig,
was der Priester spricht ist Verrat,
Lobpreisung toter Seelen,
toter Stimmen,
toter Träume,
Aufbegehren der Seele nach mehr,
Gerechtigkeit für inneren Frieden und
Maschinen vor des Richters Türe,
manipuliert der Illusion
freien Lebens,
Ratten an der Oberfläche zum Leben,
kein Kind spielt mehr.

9.

Sind die Würfel gefallen
kannst du nur noch flüchten,
in ein Massengrab oder den Ozean,
die weite See nicht weit,
Sternbilder und Galaxien,
abgetrieben der Vernunft,
freie Sicht durch dünne Haut,
hängendes Gewebe,
das stolze Herz,
in Baumkronen lebt es sich gut,
auf der Streckbank spricht jeder Wahrheit,
Gut und Böse, nur
das Starke kann gewinnen,
einen Tanz auf nasser Wiese zum neuen Tag,
nur du hast es gewusst,
im späten Abendfeuer,
Funkenfetzen und starre Eulen,
nackte Menschen,
verkrüppeltes Getier,
Augen die aus dem Schädel platzen und
so viele Worte verhallen in
der Bedeutungslosigkeit, mein
fauliger Atem um deinen schönen Körper,
bei Nacht und am Tag,
nur wir und niemand sonst,
Pazifisten schwerbewaffnet
bis unter die Zähne,
Fahnen und Arien,
stolz und frei.

10.

Und sie werden tanzen,
tanzen werden sie und
sich nach Sternen strecken
wenn die Toten nichts verstehen und
im Einklang der
Angepasstheit
untergehen.

11.

Den Antrieb verloren und die
Konzentration irgendwo,
nur nicht hier,
irgendwo,
nirgendwo,
nur nicht hier,
ein Kribbeln im Kopf auf Signalsuche,
Funktionsstörungen und
nasse Nackenbisse unter Harmonie,
Tradition ist wichtig und allgegenwärtig,
im Mauseloch brennt noch Licht,
der Lebenslauf ein Theater voll Tragödien,
Pragmatismus als Disziplin und doch
das Funkeln verloren,
der Wohlstand fickt sie alle,
kleine Tauben zum Frühstück,
blinde Eierdiebe und
alltagsblinde Verantwortungsflüchtlinge,
trainiert,
dressiert,
massakriert
zur Mittagszeit unter dem Beifall
einer generationslosen Gesellschaft
die darum bestrebt ist in Plastikharmonie
und Idealen
vorgelebter Lebensrichtlinien
Glück zu finden,
das Kind lacht bereits und will
nur spielen und der Welt
eines auswischen.

12.

Menschliche Revolte gegen alles und nichts,
das kleine alte Kind im
großen Körper,
nur spielen,
nur da sein,
Störungen und gelegtes Gedankenfeuer,
kleine Gräber,
große Taten,
ich bin Gott,
du bist Gott,
die Jünger auf einer Reise,
wir am Ausharren,
die wilden Gezeiten,
frostige Stürme, eiskalte Augen
voller Habgier,
zünd den Regen an,
saure Wolken,
Wind der die Haut abzieht und
vereinzelt laute Geräusche,
herzliche Liebe die stets triumphiert,
springe über Gräben,
umtanze Löcher, rufe
meine eigene Rebellion aus,
massakriere Angepasste und feige Systemjünger,
kein Glanz im Auge, die
Seuche breitet sich aus.

13.

Dann geht die Bombe hoch,
Kurzschluss im System und nichts
bringt Erklärung,
Leere im Raum unter vielen,
kann nicht so,
geht nicht so,
das Alles ist unnötig und
leise Tränen im Hafen
unserer Herzen,
die Augen schmerzen,
die Hand liegt darüber und
bietet dunklen Schutz,
zu kurze Zündschnur und die
gewaltigen Folgen,
nasskalter Schweiß,
ein bebendes Herz,
nur noch der Wind ist zu hören
und dein Atem,
du wirfst Schatten wo
längst keine Sonne mehr scheint,
die Jugend ist tot, die
Zukunft verloren,
ein Mausoleum meiner Gedanken,
einen See all meiner Tränen,
das geronnene Blut ist unbrauchbar und
Dämonen bestimmen die Momente
an denen sich Abgründe auftun,
der zwiegespaltene Schädel,

traumatisiert der Einflüsse
zwischen schön und hässlich und
verloren im Kampf um Stärke,
Schafe irren umher,
wo ist der Wolf und
die Stimmen bauen sich auf zu
einem Inferno an
übergroßer Macht,
gewaltiger Macht
die für Dunkelheit sorgt,
dabei ist die reine Seele doch bunt
und unbefleckt der bösen Gedanken,
nur die Zündschnur zu kurz.

14.

Der Suizid von Massen,
auf Scherben lief ich den
Weg zu dir,
bin gestorben und wiedergekommen,
mehrfach und immer wieder,
bin der Mond,
du die Sonne,
wir beide und
niemand sonst,
unsterblich.

15.

Die Tragik des Ganzen,
zur Schau gestellt zur
besten Abendzeit,
irre Idioten und gefühlstote Diebe,
arme Lebensgaukler mit reinem Herz,
die Maske verbiegt sich
im Versuch zu atmen,
nur zu atmen.

16.

Traurige Klassik,
wer sieht schon Gold
wenn es schwarz ist,
und die toten Augen voll Geschichte,
oh Mutter,
geliebtes Fleisch weit verstreut,
auf Fragen eine Geste,
aus Zuversicht und Kraft,
alles ist bereit,
die Zukunft lauert im
Beichtstuhl der Ängste,
schlafe ein geliebtes Kind im
Schutz der Nacht.

17.

Mond und Sterne,
mein Herz fest verpackt,
treibe ab dieses Leben,
freischaffende Gedanken,
Herr Gott,
Himmelskrieger mit Engelsgesichtern,
Müsligehirn,
triste Gedanken,
ich wollte nur spielen,
wollte nur das Spaßgefühl kosten,
ein kurzer Blick
und alles ist vorbei,
ein kurzer Blick
und die Bombe,
oh,
die Bombe,
mein Gehirn ein Loch,
bin gepfählt über Wasser zur
aller anschauenden Präsentation
gestellt,
die Welt geht unter,
badet in Blut,
Bahnhöfe lichterlos voller Menschen,
der Urknall als Start in das Verderben,
alles und nichts,
dein warmer Atem und
meine kalte Haut,
bin steif und längst tot,
wollte doch nur spielen und
das Spaßgefühl kosten,
muss reden,
Profilierungssucht,

Karriereschmieden für Karrieristen,
das Feuer lodert pausenlos,
brenne nur für diese eine Sache, für
dieses eine Ding,
die Seuche im Gesellschaftshirn längst
so stark dass Heilung nur Hoffnung
und Worte sind und nichts Veränderung bringen würde,
nachts und am frühen Morgen,
richte mich selbst vor dem Kirchturm,
ein Glockenschlag,
zwei Glockenschläge und beim dritten ist es vorbei,
auf der Streckbank,
im Gericht,
im Beichtstuhl,
im Kindergartenfrühstücksraum,
wollte doch nur spielen,
wollte nur das Spaßgefühl kosten und
stehe nun dazwischen im
Fegefeuer meiner Gedanken,
Unrat der Seele,
Gedankendeponie im Speicher
meines Sumpfhirns,
leergemenschte Körper,
leidenschaftslose Taten,
taube Schritte auf dem Weg
in ein besseres Leben aus
bibeltreuen Büchern,
vorgelebten Leben generationenlang
beschissen und verraten,
ausgekotzt und
abgetrieben,
wollte doch nur spielen und das
Spaßgefühl kosten.

18.

Kalte Kriege,
der Major bittet zum Tanz,
darf ich bitten, Madame?
Aussichtslose Plätze,
steile Täler und wilde Worte,
darf ich,
soll ich,
soll,
wird es so sein,
Schlaraffia ist versunken,
Germania nur eine faschistische Idee,
Regen dämpft heißen Teer,
Fensterscheiben sind beschlagen und
das Bier winterlich kalt,
Herden von Sklaven in trüben Nächten,
auf das morgendliche Licht warten,
Sonnenrot,
Leichenblässe,
Winderuptionen,
warmer Atem in der Faust,
lange Tage und die kurzen Nächte,
paar Pferde, paar Wunden,
ein Kreuzzug im Vergessen,
Tänze der Barbaren zum Feste der Toten,
eine Heiligsprechung dreier Könige,
auf dem Damm des Gewissens,
Ehre und Stolz im Fegefeuer
verwinkelter Gedanken,

tiefsitzende Ängste von
Kindheit an
geprägt,
gefördert,
erzogen und
abgestoßen,
der Freiheit beraubt im Sein,
stattdessen Zugehörig sein einer Rasse
derer gesellschaftlicher Zwänge über
aller Tugenden steht,
Gestank macht sich breit,
Angst breitet sich aus,
Spaß an der Sache schon
längst verloren.

19.

Das Volk kapituliert,
der König resigniert und
im Spiel auf der Suche nach
Sinn und Erlösung nur rostige
Türen und feuchte Augen,
antriebslos zwischen Zahnrädern,
die Bombe zündet,
Feuer überall und ein Knall im Fegefeuer
am Wegesrand,
irre Schauspielstatisten mit sabbernden Mundwinkeln,
verfaulte Zähne unter grauer Haut
und Einbahnstraßenschilder für
Fanatiker auf Inseln.

20.

Im Angesicht der Wahrheit,
klare Ernüchterung über
Monotonie,
Wahnsinn,
Angepasstheit und
Individualismus,
Aussichten im Spiegelbild
Herrgott steh bei,
tanz noch ein letztes Mal,
stumpfsinnversiebtes Gehirn,
ein Herz groß wie die Erde aber
das stumpfsinnversiebte Gehirn,
eigenhändig abgetrieben auf
Raten in Jahren,
tanz noch ein letztes Mal,
ein letztes Mal für mich,
als Sonne aufgeht
und Schnee im Herzen schmilzt,
Hähne krähen und Wind
durch dein Haar fährt,
Äste brechen an Altersschwäche und
Zukunft,
was ist das,
Tod entscheidet über Leben,
tanz noch ein letztes Mal,
Lebenslüge in der Aufgabensuche,
stumpfsinnversiebtes Gehirn,
tausend und eine Flucht,
zu Tag und bei Nacht,

ewige Dunkelheit und Angst,
angstvolle Gereiztheit,
sinnesüberfordert,
das Licht geht an,
das Licht geht aus, die
Welt steht nicht still,
alles verstummt,
verlebt,
erlebt,
und Fragen und noch mehr von
all den Dingen,
die überfordern und wie Rattengift sind,
toxikologische Vergiftungen,
ich friere ein,
bin schon längst zerfallen,
tanze noch ein letztes Mal für mich,
stumpfsinnversiebtes Gehirn,
tanze um mich,
in meinen Erinnerungen für
alle Ewigkeit und mehr,
Amen.

21.

Die Axt in der Hand,
auf einem Schlachtross in
die Prärie,
Normandie,
das schaffst du nie,
die Götter,
wen kümmern sie?
Tagtaten zum Überleben,
freie Menschen oder doch nur Sklaven,
Kurt Cobain ist tot,
der Regen das Schönste,
Männer in Zwangsuniformen mangelnder
Coolness und Frauen
als Wegwerfsymbol der Faschisten,
große Augen vor dem Knall,
gewaltiger Staub und dann
wussten es alle oder doch niemand und
nur ich?!

22.

Frohlockend zum Feste,
ein Neandertaler als Ursprung
dieser Bombe,
er ist schuld,
nur er allein,
im biblischen Ausmaß steht nichts
im Vergleich dazu,
schlafe ein beim Versuch
mich anzupassen,
Störsignale und manipulierte
Gedanken eines kleinen Gehirns,
die Rasse verkommt,
die Richter sind böse.

23.

Mutter im Himmel,
Träume und Wünsche,
Kind der Lüge,
geistige Verrohung durch
andersartige Wahrnehmunsformen,
Bestie der Gedanken,
auf dem Sterbebett noch immer unruhig,
noch immer und stets,
eine Parabel des Glücklichseins,
auf dem Sterbebett gebettet und
noch ein letzter Tanz,
darf ich bitten?
Farben verlaufen im Angesicht der Wahrheit,
bittere Reflektion, die
Liebe ist lebendig,
mehr als gestern, heute
oder morgen,
kein Morgen, bei Nacht
und am Tag,
ich stehe dir bei, halte
die Milchkanne und erobere den Turm,
im Lichterkegel ruht mein Herz,
in deiner Hand werde ich sitzen,
meine Worte in den
Weltenmeeren treiben lassen,
an die Vernunft appellieren
und Spott ernten.

24.

Im Angesicht der Realität,
mieser Bastard,
im Erinnerungstaumel von surrealen Wolken fallend,
Boote auf See vor
dem letzten Leuchtturm,
dass wir alle mal Babys waren und alles
lernten und Grundmechanismen
des Geistes sich einprägen,
Schwalben sind ein Leben
lang treu,
zur Patrone gehört auch die Hülse
wie die Blume Wasser braucht,
im morgendlichen Schein
deiner schmutzigen Lichter im
regen Treiben,
zu früher Stund mit neuen Aufgaben,
eine Hand die durch Erde bricht und
für Verwirrung sorgt,
ein Anruf
kein Anruf,
von Dämonen getrieben in ein
Niemandsland voll saurem Regen,
der Mutterleib aufgedunsen,
Gedärme platzen und
Asche zu Asche,
Kinder der bunten Nächte im tristen Spiel,
die Komplikationen
der Verantwortungslosigkeit
auf Zeit gerechnet,

Vögel ziehen davon und Zeit wird nach wie vor fremd
und Feind sein,
der Stillstand ist fern,
die Herzen und die verbundenen Fähigkeiten derer,
Impulse und Schübe,
weite Reisen auf den Grund
im Inneren,
möchte auch nur spielen und diese eine Sache,
dieses eine große Ding, nur
dafür zu leben und dafür zu kämpfen,
bis zum Tod.

25.

Blut und Verderben,
Sonnenstrahlen der Finsternis,
auf meinem Herzen ein Fleck und
da wo dein Gesicht war
nur noch ein Loch,
Schreie die verhallen in der Stille,
unbedeutsam,
unwürdig,
das Recht auf Leben ein falsches Bild,
radiere dünne Linien und
werfe zu Boden was Ballast bedeutet,
Unrat der Sinne,
Schmierfilm der Augen,
das Kind im Menschen ist tot,
abgetrieben,
totgemenscht,
das Geburtswasser in der Fruchtblase,
falsche Worte,
missratene Kreaturen,
ein Spiegelbild der Verdammnis und
engstirnige Ansichten mit
Neugierde gepaart und Selbstschutz,
färbe Gitterstäbe und verteile Kot,
imitiere euch alle,
zu jeder Zeit und verschenke
erhaltenen Applaus, das

Licht rast weiter und meine
Reise rastet nie, bin hier und
dort und am liebsten doch
nur da
wo niemand sonst ist, doch
es sind zu viele,
überlegen allmächtig und meine Waffen, mein
Hoffnungsschimmer, noch in
Watte gepackt und unter selbstschützenden
Schichten verborgen,
für die Menschheit,
für diese Rasse,
niemals ein Teil davon,
niemals,
niemals,
niemals.

26.

Väterchen Frost und Mutter Natur,
ein Krieg im Paradies, das
Kind wird niemals laufen können,
das Licht bleibt aus,
nackte Füße im Gras,
Taube Empfinden dennoch Glück,
zu atmen,
zu riechen,
ungeschützte Freiheit im Reich der Sinne,
Meisterwerke sind selten,
tiefe Angst fest verwurzelt,
unbekümmerte Euphorie im Angesicht
der Tragik,
noch ein Kuss,
ich ziehe durch, reise
aus und ziehe davon,
wirbel Staub auf im Hafen der Träume, ein
weißes Tuch in Blut getränkt zum Abschied,
lass es sein,
sei stark und halte durch,
die starken Erinnerungen,
Missionen für alles was kommen mag,
Sterne fallen vom Himmel,
Untergang bei Nacht für traumatisierte Kämpfer,
Wasser peitscht an Klippen,
mein toter Körper nur noch Haut,
vergammelter Leichnam,
verlorenes Talent, nur ein
Aussetzer, guten Tag
ich habe sie gerne.

27.

Die in Vergessenheit geratenen Bilder
vergangener Zeiten,
der Priester weiß Bescheid,
Blumen verwelken und Blätter fallen
von den Bäumen,
meine Haut ist morsch
meine Gefühle taub,
Hoffnung auf Besserung
ein Irrlicht im Stadionflutlicht,
Flutlicht gleich Fluchtlicht,
bin an Ketten gesperrt und vor
Entscheidungen gestellt,
Sonne und Regen
Gut und Böse,
morden und akzeptieren,
die Schwermut im Erinnern
waren das wirklich meine Zeiten,
das einst so Reale so unwirklich fern,
so abgestoßen und weggeschwemmt,
trage Haut aus zehn Schichten und
sehne mich nach dem Einen,
bin eingerollt zu Tode betrübt.

28.

Die toten Kinder mit den einst
glanzvollen Augen im zu großen und
längst nicht mehr kindlichen Körper,
zur Schau gestellt ohne eine Wahl zu haben,
der Tod und nur der Tod wird entscheiden und
für Veränderung sorgen,
ein Leben danach,
ein Leben im Jetzt,
ein Leben das mal gelebt wurde,
fromme Gedanken im Schützengraben,
Zeit fortlaufend,
Ritual der Routine in
Lebensform verpackt.

29.

Groteske Worte,
unkontrollierte Gesten und Bewegungen,
kratze aus mein Auge und zertrete mein Herz,
beiße ab die Zunge,
trinke kalten Kaffee und vermische Gut mit Böse,
Ruhe mit Unruhe und gebe vor, nichts zu sein,
nur Regen auf dem Dach,
nasses Katzenfell und unter Dächern und
Blättern sich versteckende Vögel,
Lichter leuchten in weiter Ferne
Leben,
Freude,
Leid,
Lust und Trauer auf engsten Raum vereint,
das abgetriebene Jesuskind,
mongoloide Kinderarmeen,
die Fahnen hängen und Rotz an der Nasenspitze,
Hand in Hand,
ein Leben lang,
für immer und stets und Werte vor Idealen
als Brückenüberquerung durch die Hölle,
das Schiff der Verdammnis,
Neonlicht auf stürmischer Tour,
rufe Angriff und suche Schutz, bin
farbenblind und gefühllos,
Bestie in Menschengestalt mit schwerer Seele,
Kleinkriege und Kleingeister und
Kleingartenkolonien voller Leere,
Plastik und Worthülsen,

sanfte Streichelungen und warme Worte,
falsche Worte,
hoffnungsvolle Worte,
Worte im leeren Raum,
Schafspelz bei Nacht und gehäutet am Tag,
getrieben und gejagt,
kann nicht sprechen und nicht atmen und
nicht denken und nicht ich sein,
bin viele und vieles,
Nachtkobold und aus den Augen
beginnt es zu sabbern und ich löse
mich und uns auf,
am Bordstein im schalen Licht,
im Frühling neben der leeren Flasche.

30.

Die Hölle brennt und die toten Götter,
mit diesen Männern kann man keine
Kriege gewinnen und morgendliche Sonne an
sämtlichen Fassaden und in Bäumen, ich lege
zur Seite dein Haar um dich besser zu sehen,
bin scheu und unsichtbar,
ängstlich und von Trauer blockiert,
farbige Ruinen und rostige Tränen,
meine Schritte meine Rettung und
schmutzige Kanülen und gestrecktes Gras,
zwei Vögel am Glockenturm, nicht
lange und im Hall eines jeden Schlages Flügelschläge,
die Gewissheit auf das Ungewisse,
Frage und Antwort,
dabei doch so leise wie nur möglich,
diamantenbesetztes Herz,
so leuchtend bei Nacht und so graziös
mächtig.

31.

Hinfort all der Dinge,
der Tatsachen und
der Träume,
brennende Öfen,
mahlende Pressen und
zerstörende Hammerschläge,
aus Blut und Haut,
Liebkosungen von Hexen und
Dieben und schlechten Statisten,
Karneval der Gesichter,
Verrohung der Sinne und
der Gefühle und
der Gesten,
der Begeisterung,
ein Schwund von allem,
drei Kreuze zu später Stunde,
ein letzter Kuss,
das wars.

32.

Im Menschenzwinger ist noch Platz,
schärfe Klingen und grabe Löcher,
verteile Rosenblätter,
soviel du magst und Strähnen
deines goldenen Haares,
Lichtschimmer durch dunkle Scheiben,
falsche Virtuosen,
Denkmäler vom Einsturz bedroht,
Jahre und Jahrhunderte und
die Ewigkeit ein Geschenk
schau in meine Seele,
ein Blick und fünf Gesten,
Gutmenschlichkeit und die Verdammnis,
der Frühling im Spätherbst und
mein Herz, oh
mein Herz,
all diese Gefühle und Sichtweisen und
falsche Leben,
ungelebte Taten und wer ist Gott,
wenn Satan,
der Teufel,
die Existenz aller Ängste,
im Leib jedes Menschen sitzt?,
Fragenwirrwarr und auf dem Schimmel
bei Nacht,
deine Gedanken, dein Glück,
dein Leben und mein Leben,
eine Ansammlung von Hieroglyphen,
Mächtigkeit der Natur,
die Stärke gewinnt,
Schwäche ist nichts und
das hier ist alles.

33.

Mein Herz schmerzt,
farblose Welt,
die Menschheit richtet sich selbst und
was sind schon grüne Wiesen
auf denen du rennst,
der erste Kuss,
Kribbeln im Bauch,
ein kleines Katzenbaby,
die ersten Schritte,
das erste Wort,
zum ersten Mal das Meer sehen,
noch viel mehr,
bleib auf ewig und noch länger
bei mir,
steh mir bei in all der
Zeiten der
Grausamkeit.

34.

Tragik des Vergessens,
was gut ist, ist gleich böse
im Sinne von Traurigkeit,
der Werwolf bei Nacht und
zahnlose Kinder,
faulende Leiber und
traurige Tränen,
das Zahnrad des Erfolgs,
Glück am Tag und purer
Kummer bei Nacht,
siehst du auch Sterne und erst recht
den Mond,
spürst du Liebe im
Ermessen meiner geradlinigen Verfassung,
tritt ein die Türe und
wünsche Beifall unter faltigen Gesichtern,
im Erinnern liegt die Tragik,
das Neonlicht des Vergessens,
Staub auf unseren Herzen,
jede Erklärung ist unnütz und
nur Gott entscheidet oder doch
der Richter oder der Schwur,
Pakt des Lebens,
noch ein Schluck,
meine Augen erzählen Leben
meine Arme greifen nach dir
im leeren Raum,
es frohlockt das Kleinhirn und
Engelskrieger spitzen Pfeile,

im Feld und im Garten,
halte durch,
getrieben der Gedanken
einer Illusion,
nur weit weit weg,
ein bitterer Krieg ohne
Sieger mit vielen Leichen,
die Mutter ruft,
in meinem Herz ein Messer,
spüre nur Schwund an Blut und
möchte umkehren im Nebelfeld,
rein sein meiner Gedanken und
meines Geistes,
auf ein neues Leben
das alte nie und niemals gut genug,
die kleinen Momente stets zu groß,
sterilisiert um selbst Luft zu haben,
kleine Schritte für die vergessenen Kinder,
atme tief ein und du erinnerst
dich an das was dich erweckte,
aus nebulösen kokonartigen Gedanken an
Zyklen deines Lebens
in sternenklaren Nächten.

35.

Unangepasst und gesellschaftsfrei,
die Welt gleicht einer Scheibe und
Ansichten verpackt hinter Moralvorstellungen
und angepasster Gesellschaftsnorm,
die Klinge der Erlösung
im Mutterleib,
aufgequollene Augen des Schmerzes
und freie Gedanken zur
vollen Stunde,
die Zeit rinnt,
das Leben zieht vorbei,
Geschichten müssen geschrieben werden und
zur Mitternacht
reißt der Strick.

36.

Kleine Engel auf hoher See,
der Steuermann sendet Signale und
ruft zum Schutz,
nasser Wind peitscht sich lang und
Väter machen Kinder aus Tradition verpflichtet,
allein gelassen,
Geister kriechen unter Baumwurzeln,
unter Grabsteinen und Spinnen und Würmern,
Maden und Harz,
das Schauspiel wird vergessen,
die Liebe im Keim erstickt,
Tragik all jener ähnlichen Situationen,
nur mir bewusst,
Schicksal gleich Scheusal,
die Kirchenuhr ertönt und die Meute marschiert,
versteinerte Gesichter,
farblos und blass,
aufgedunsene Babys und laute künstliche Stimmen,
Tod sucht Leben, nichts ist ewig,
Vergänglichkeit auf der Wiese,
alles verkommt,
lege dir einen Kranz vor die Haustüre,
male deinen Namen und ziehe durch,
in sternenklarer Nacht mit
dem Loch im Herzen.

37.

Alabasterhelle Haut und ein Augenaufschlag
der Eis auf meinem Herzen schmelzen lässt,
sehnsuchtsvolles Empfinden,
samtweiche Berührungen,
nur der kalte Wind auf dem Seelenkleid,
ehrlicher Atem im Sternenlicht,
Schicksalsschläge,
Gewissensbisse,
verfärbte Blätter,
blattwerklos,
Nebelfelder voll Gedanken,
streunende Katzen mit schleichenden Pfoten,
ein Fingerschnips und
die Zeit läuft weiter und die
Erde dreht sich weiter,
nach Nacht kommt Tag und du bist noch immer tot.

38.

Mit einem Auge blind und
deformierte Gliedmaßen,
gehe auf Krücken, im Baum
sitzt der Specht und um Kronen
betrogen,
die Prinzessin
im Arbeitslager,
freie Wolken für Glückssucher und
stille Artisten,
im Rad der Zeit,
Schmerz nur ein Gefühl,
Kerzenlicht im Kuchen,
nasse Lippen im fleischarmen Gesicht,
nur Mutter hat es gewusst,
schwarz und weiß,
zwei Tasten,
Töne und ein Empfinden,
es dampft und strahlt,
die Adern pumpen unter rissiger Haut,
aufgequollenes Fleisch im Mondlicht,
unter traurigen Blicken begraben,
die Reise meiner Worte im
Labyrinth aus Macht,
Revolte und
Aufbegehren,
niemals das alles und selten normal,
gib dich hin und
leg dich nieder.

39.

Frohlockend freischaffend,
demütig vor soviel Schönheit,
kaputte Jahreszeiten und
Frühlingstänze im sauren Regen,
eingeschlagene Köpfe,
nichts was nach außen dringt,
eingeschlafene Gesichter,
totes Leben,
ein paar Nebelschritte durch trübes Licht,
Wolkenkratzer,
kann zum Himmel greifen,
bin doch so ganz klein,
bin doch so ganz zart,
bin doch so ganz allein,
trage meinen Körper,
entflamme Feuer um Licht zu sehen,
am Tunnel drei Münzen,
im Brunnen kein Wasser,
widerstandslose Krieger von Feigheit
verkümmert,
falsche Seelen im Morast der dunklen
Träume,
ein Kind,
zwei Kinder,
drei Kinder,
keine Kinder,
kein Mond und
nur die Kälte in der Hand,
funkelndes Silber auf der Haut,

ich habe ein Anliegen,
alle wollen was sein,
Futter im Haifischbecken,
schlechte Statisten und
scheiternde Schauspieler,
ihre Rolle,
keine Rolle,
ich als Ziel denkbar unwürdig,
laufe davon und falle,
stehe auf und morde,
verbreche Ansichten und
tausche Rollen.

40.

Saurer Regen,
im Mutterkuchen zurückgezogen um
Schutz zu suchen,
trug Dornenkränze für nichts und
blicke in kalte Augen,
sabotiere all meine Worte um
mich selbst zu schützen,
bin nicht stark und greife
dennoch nach Halt,
bin klein und versuche Sterne zu berühren,
meine graue Haut,
bin unsichtbar,
Situationen derer ich nicht Herr bin,
zerfalle und spüre nackte Finger,
Maden die langsam aus mir kriechen,
in meinen Wunden,
nichts,
aus meinen Wunden,
Leid, Leid, Leid und im spärlichen
Licht ein Schatten,
Blutspritzer an der Wand,
die Klinge abgebrochen,
wer nicht mehr lacht ist tot,
bin voll drauf,
tropfe alles voll und bemale Weiß
mit Rot,
meine alten Knochen,
mein Fensterblick,

Katzen gegen Hunde und einsam
kriechende Babys mit Dynamitstangen,
von Dächern fallen Köpfe,
Seelen suchen Halt und in Baumkronen
setzt sich fest
was niemals frei war,
unfähig zu fühlen,
Angst mit jeder Atmung und die
abgekratzte Haut unter Fingernägeln,
müde Augen,
das ist dein Weg nach Hause,
hänge deine Bilder auf,
wo es startet ist kein Ende,
träume und sterbe,
japse nach Luft,
halte durch.

41.

Ein Szenario an wüsten Ideen,
verlorene Träume,
am Fahnenmast mein Herz
mit jedem Schritt durch ein Minenfeld,
die Götter sind tot und lachen,
sie skandieren und das Volk erstickt,
bin gejagt und getrieben,
Feuer erhellt die Nacht und
Drogen verschönern den Tag,
schlechte Klänge,
falsche Rhythmen,
ungespürte Schwingungen und
eine Autobombe voller Hass,
im Satz lässt sich nichts mehr lesen,
Kälte in meinen Knochen und
in die Waagschale geworfene Hoffnung,
gespaltene Schädel
zwischen
Gut und Böse,
zwischen
Vernunft und Unvernunft,
ein Trauerspiel und ein schmuckloser Sarg,
die Engel kiffen und der Teufel
sagt
Hallo.

42.

Der in uns gefrorene Ozean
möchte auch nur sein,
die meisten können nicht sein
und scheitern daran
etwas sein zu wollen.

43.

Der Kapitän sichtet Land,
alle Hoffnung auf Halbmast,
Verlierer zu sein der eigenen Beerdigung,
gezinkte Karten,
falsche Würfel,
verzogener Lidstrich,
ein schiefes Lachen,
alles was ich will,
alles was ich wollte,
die Veränderung als Teil des Ganzen,
niemals das Halbe,
nur etwas für Verlierer,
tragische Clowns im Rampenlicht
der massenhaften Zurschaustellung,
Opferrollen und Moralapostel,
Luthers 99 Thesen,
10 Gebote,
eine Regel die zählt und
drei Worte zum Abschied.

44.

Mit deinem Bild in meinem Herzen,
stehst du noch immer im Wind,
sähst Glück und Antworten
für all meine Fragen,
für mich,
kleines suchendes Kind bei Nacht,
machst du mir Licht wenn
ich Halt brauche und die Monster
anklopfen,
deckst du mich zu wenn
ich am Boden liege,
spanne den Schirm vor der Welt,
greife nach Zuversicht und nach Leben,
stehst du nachts neben mir,
ich sehe deinen Atem vor
dem Fenster,
leuchtende Diamanten im
schwarzen Nirgendwo,
Asche und Rauch und nur die
Asche bleibt,
bleib bei mir und
spende Kraft wenn die
Dunkelheit
zur sehr drückt.

45.

In die Waagschale gelegtes Glück,
Schlaraffia ungleich Germania,
Illusionen, Träume,
eine Prise Trauer im fröhlichen Gesicht,
dein kalter Leichnam
fault von innen, das
Herz noch immer Kind
aber leblos und der Rauch verwischt
die Spuren und
Blumen lassen Köpfe,
deine Augen,
oh
deine Augen,
Spiegel der Seele,
so gutmütig und rein,
Salzsäulen um uns herum,
laute Schreie auf lautlos,
die Neonlichter und Spiegelungen derer,
große Schritte über
nasse Löcher,
Sumpf für Gedanken die kommen,
gehen und manchmal bleiben,
und dann
und dann
und dann
ist
nichts.

46.

Die Kinder sind tot,
ich stelle Fragen ohne zu reden und
schaue in deine Augen,
Königin der Nacht,
Mutter meiner Liebe,
auf deinem Herz möchte ich wohnen und
dir Glück schenken,
in Salz gebadet und getränkt
unsere Wunden, die
süßlichen Erinnerungen
nichts als Karies im Gehirn,
deine Augen voller Leben,
der Mond,
die Sterne,
der Wind und
die Straße und wir
auf dem Mittelstreifen.

47.

Die Leichen im Kerker
meiner verirrten Gedanken,
tote Leben niemals gelebt,
ein Panikruf zum letzten Geläut,
die Monster in meinem Kopf,
Krieger unbekümmerten Leichtsinns,
zücke mein Schwert und
male hässlich wieder schön.

48.

Einen kleinen Augenblick lang
nur daran gedacht und
vergessen gemacht was
zwischen Regentropfen nicht
überleben kann,
die Tragik fehlender Logik,
grauer Himmel,
trübes Licht und
im Tunnel nur ein Weg.

49.

Dein starrer Leib,
meine wärmsten Gedanken in
kalter Luft,
mein Ich das um Erlösung
bettelnd
bittend
hoffend
fleht,
die Nachtsirenen in stiller Luft
zum Weckruf,
verschüchterte Seele, eingesperrt
beraubt allem
was war,
was wird,
was kommen mag,
verstaubte Liebe
totes Herz,
ungeschminkte Maskerade vor der
Wand am Schattentanz,
durch den Spiegel hindurch
in ein Abbild
feigen Versagens,
Sinnbild für jeden Morgen im
Überlebenskampf dunkler
Tagtristesse.

50.

Damals war ich noch Kind,
heute trage ich dein Herz
in meiner Hand,
pflücke Glück
für schlechte Zeiten
und spare Licht
um in dunklen Zeiten
Land zu sehen.

51.

Totes Fleisch von Blumen umgeben,
die falschen Tage am Rande
des Untergangs,
Kälte zieht ein
der Zerfall der Zeit im
nüchternen Betrachten
die Welt im Wandel,
das Leben als Wegwerfsymbol,
bade im letzten Sonnenlicht,
erfinde Melodien,
nur diese Zeit,
der Erzengel am Gabentisch,
das Kind mit Loch im Herzen,
schwarz wird niemals weiß
und die Seele klagt.

52.

Mit dem Niedergang einer
öffentlichen Zurschaustellung
von Suiziden im Alltagsleben,
aschfahle Gesichter und furchtvolle Augen in
den Dienern ihrer eigenen
Gesellschaft auf dem Weg zum Bankrott
ihres Daseins im
Fühlen und Lieben um da zu sein,
abgetriebene Babys mit einstmals
reinem Herzen,
der Irre vorgeführt,
der Tod
der Tod
der Tod und
nur er
wird rächen.

53.

Der kleine Mann wirft
mit Steinen auf Felsen und Gold
wird zu Staub,
meine Melodie erlischt im
Klang deiner Rufe,
Sirene der Unvernunft
Göttin meiner Träume,
Mutter all meiner Gedanken und
gestorbener Leben,
tanzend auf Klingenspitzen
Schnappatmung am hellichten Tag,
die Kerze lodert,
totes Gewebe,
Blumen vertrocknen im geflochtenen Kreis
die Gezeiten ziehen Wege,
Nacht wird zum Tag und
Tag bleibt fremd,
Gold auf unseren Böden,
vom Himmel gefallen,
Wärme,
Liebe und kleine
Träume,
dazwischen mein Herz und Du.

54.

Herr vergib mir meine Sünden,
geschächtetes Lamm im Mutterleib,
kein Leben jemals erlebt im
Zeitalter der grauen Eminenz,
die Worte verhallen,
Staub fällt herab,
unsere Lungen verschmutzt,
Herzen verklebt,
Lust und Leidenschaft
nur Schund,
Werte eines verprügelten
Gossenkindes
das nur spielen wollte.

55.

Durch den Schleier der Illusion
in das Ungewisse,
trübe Träume
falsche Väter,
farbarme Schauspiele gesichtsloser
Maskenträger,
nur der Tod lauert,
die Kleinen zwicken und zerren,
möchte wegrennen und stehe stramm,
Flutlichtkegel für meinen Weg
der Flucht,
springe und falle,
stürze tief in geheime Welten,
scharfe Fallen für Flüchtende, die
Gesellschaft im Krieg,
lose Normen und antrainierte
Meinungen,
der Priester verkündet Hoffnung,
auf hoher See ein leeres Boot,
umherschleichende Melancholie
nassfeuchter Straßen,
kalte Tage,
unter drei Decken lässt es sich
gut liegen,
dein Herz in meiner Hand,
beschütze es bis zum Tod
und darüber hinaus,
male Zeichen an Wände
für die Nachkommen,

unwissende Systemsklaven,
fehlgeleitete Seelen,
ein Ausritt zur Dunkelheit,
Vater und Mutter,
die Gezeiten der Welt,
es stirbt schon im Ansatz.

56.

Deine Seele arbeitet und
der Körper ruht und nicht
fangbare Gedanken,
wirr,
abstrus,
fern jeder Erklärungsnorm,
ich zerteile mich,
löse mich auf,
bin bei dir,
sind eins,
tanzende Moleküle in Schwermut,
der Hafen unserer Traurigkeit,
Laub auf den Köpfen,
Staub im Herzen,
flache Atmung dabei ist alles
doch so aufregend in
der Langeweile,
angezogen der Lichter, im
Meer der Geschehnisse auf
nassem Asphalt,
sich wiederholende Geschichten und
neu auferlegte
Plattenteller,
Drehscheibe,
Mischpult der eigenen Bestimmung,
auf meiner Stirn dein Passbild,
im Nacken ein Spiegel
der nicht durchdringbar ist,
Nebel im Rauch,

die trüben Tage
vor dem Sonnenaufgang,
Sterne hängen ihre Köpfe,
Blumen geben sich auf und
ich bleibe bei dir.

57.

Im Mondlicht scheinst du schwarz,
sind deine Kleider
selten groß und bunt
auf einem Kreuzzug
großer Schlachten
voraus denkend in
die Ungewissheit durch
die Ruinen meiner Seele.

58.

Die heilige Madonna
im Grunde sind wir ja alle verrückt,
das Kind im Mutterleib,
Dung auf den Feldern,
bete um Erlösung,
laufe und renne und hebe ab,
nage Baumrinde,
schlage Babys,
stelle Rollstühle auf Abstellgleise,
wer wir einst waren,
wo wir sein werden,
bunte Farben und kein Ausweg,
von beiden Seiten und Höhen,
in der Mitte lauert der Tod,
die Welt ein Drama,
das Leben ist schön.

59.

Zum Feste geladen,
das Volk schweigt,
Spiralen um Vergänglichkeit,
das Leben als Recyclingfriedhof
im selbstzerstörerischen Krieg
ohne Gewinner,
Massen die krepieren und
jeder Test von Erfolg,
Rad der Zeit,
Spiel des Verderbens,
tausend Todsünden und sinnlose Morde,
Herr im Himmel,
Mutter Gottes,
Balsam auf mein Haupt,
seelenrein in ungewisse Zukunftswelten,
Szenarien als Lehrmittel,
symbolcharakteristisch wenn
die Atmung schwer fällt,
Schmerz kommt,
Schmerz geht,
Trauer bleibt,
40 Schlachten für ein Paradies
bis zum Ende,
verstümmelte Herzen freiheitssüchtiger
Seelen im Körperkorsett gefangen,
schlafe ein,
wache auf,
spende Feuer und ernte Trost.

60.

Es kommt
und
geht
und
nur der Abschied
ist beständig.

IMPRESSUM

Text: Timo Bubek, Berlin

Design & Layout: Emese Nagy, Berlin

Veröffentlichung: 2017

Herstellung und Verlag:

BOD - Books on Demand, Norderstedt

ISBN: 9783743148796

© COPYRIGHT

Sämtliche Inhalte, Texte und Grafiken sind urheberrechtlich geschützt. Sie dürfen ohne vorherige schriftliche Genehmigung weder ganz noch auszugsweise kopiert, verändert, vervielfältigt oder veröffentlicht werden.